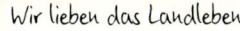

Der Kompost-Garten

Erfolgreich Gärtnern auf kleinstem Raum

Jean-Paul Tranchant

FÜR JEANNE UND ALPHONSE, MEINE ELTERN ...

... RECHTSCHAFFENE SAVOYARDISCHE BAUERN, DIE IHRE
LIEBE ZUR NATUR AN MICH WEITERGABEN

Vorwort

„Der Garten ist ein Sinnbild des irdischen Paradieses, Zentrum des Kosmos, ein Abbild des Himmlischen".[1]

Vor allem in der Stadt träumen viele von uns davon, einen Gemüsegarten anzulegen. Dieses kleine Stück Natur erscheint als Gegenpol zu unseren steinernen und vegetationsarmen Städten. Heutzutage ist Gärtnern zu einem kostbaren Luxus geworden. Ein Stück Land zu besitzen und sich die Zeit zu nehmen es zu bestellen ist Ausdruck für Lebensqualität.

Die Gestaltung der Städte zwischen Beton und Asphalt[2], ohne jegliche gärtnerische oder landwirtschaftliche Aktivität, ist im Begriff sich zu andern. Folglich haben sich verschiedene Formen des urbanen Gartenbaus entwickelt und werden bereits in mehr oder weniger großem Maßstab umgesetzt (Pflanzsäcke, Schichtbeete, Pflanztische, Kistenbeete, Pflanztürme).

Wir möchten eine neue Art des urbanen Mikrogartenbaus vorstellen, die wir Recyplant* genannt haben. Mit dieser Technik wachsen Ihre Pflanzen und Sie recyceln dabei Ihre pflanzlichen Küchenabfälle. Die Kiste benötigt nur wenig Platz. Ein kleines, sonniges Gartenstück, eine Terrasse, ein kleiner Innenhof oder ein Flachdach genügen. Der Recyplant benötigt keinen Boden: Es ist eine Pflanzung ‚außerhalb' des Bodens ohne künstliche Nährlösung. Er düngt sich jedes Jahr aufs Neue selbst und es gehen von ihm weder schlechte Gerüche aus noch zieht er Fliegen an.

Der Recyplant ermöglicht Ihnen in einer minimalistischen Form wahres Gärtnerglück, d. h. selbst angebautes Gemüse und frische Kräuter zu ernten wird für Sie fast ganzjährig möglich. Zudem ist der Recyplant sehr dekorativ. Ihre Freunde und Nachbarn werden ihn bewundern.

---

1 Alain Gheerbrant und Jean Chevalier, Dictionnaire des symboles, Robert Laffont, Paris, 1997.

2 Maxime Le Forestier, Comme un arbre dans la ville, 1972.

*Recyplant ist ein eingetragenes Warenzeichen.

Der Kompostgarten

Inhalt

Einleitung 7
Das Grundprinzip 9
Die Funktion 10

Bauen und Befüllen der Kiste
Die Kiste bauen 14
Das Anlegen im ersten Jahr 18
Das Material 18
Das Werkzeug 19
Das Befüllen der Kiste 20
Der Platzbedarf 22

Die Pflanzen
Die Pflanzensorten 26
Das Bepflanzen und die Ausrichtung 28
Südseite 28
Westseite 29
Ostseite 29
Nordseite 30
Das Bepflanzen 31

Die Pflege
Der Anbau nach Pflanzenarten 37
Radieschen und Salat 37
Die Tomate 38
Der Kürbis und der Riesenkürbis 39
Die Zucchini 40
Die Kohlsorten (Wirsing) 41
Der Brokkoli 41
Die Aubergine 42

Kräuter und essbare Blüten 43
Pflanzenschutzmittel 44
Die Bewässerung 45
Die Vorgehensweise 45
Die automatische Bewässerung 46
Werkzeug für die Pflege 47

Wiederverwerten und Einarbeiten der Küchenabfälle 49
Der Zusammenhang 50
Art der Küchenabfälle 51
Das Verfahren 53
Die Rotation 54

Im Lauf der Jahreszeiten
Im Winter 60
Das Prinzip 60
Der Bau eines Mini-Gewächshauses 61
Das Bepflanzen 63
Die Ernte 63
Weitere Vorteile 64
Das jährliche Wenden 65
Das Wenden durch Umsetzen 66
Das Wenden ohne Umsetzen der Kiste 67
Die Ernte und der Ertrag 70
Ertrag (Kilo/Jahr) 73
Materialbilanz 74

Zusammenfassung 75
Bibliografie 79
Danksagung 79

EINLEITUNG

Der Recyplant ist eine Synthese zwischen der Kompostierung
auf einem traditionellen Kompost, dem Anbau im Warmbeet,
dem Schichtbeet, dem Kistenbeet und dem Vertikalbeet.

Das Grundprinzip

Die Kompostkiste wird mit einer Mischung von Torf und Pflanzerde befüllt. Der Torf dient als Unterlage, während die Erde die Nährstoffe für die Pflanzen liefert.

Der obere Teil der Kiste dient der Entsorgung der pflanzlichen Küchenabfälle (Zone A auf der unten stehenden Skizze).

Die Seiten der Kompostkiste (Zonen B und C) werden vertikal auf zwei oder drei Ebenen bepflanzt. Der Boden der Kompostkiste (Zone D) besteht aus grobem Material, um die Belüftung zu fördern. Die Pflanzen werden in den reifen Kompost gesetzt. Das ist wichtig für ein gutes Pflanzenwachstum.

Das Prinzip des Recyplant

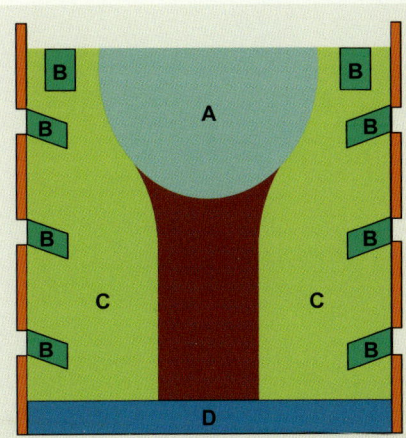

A = Recyclingzone
B = Pflanzzone
C = Zone des Wurzelsystems
D = Belüftungszone

Der Kompostgarten

Die Funktion

Einmal im Jahr, im Winter, wird der Recyplant gewendet, um die ganze Masse zu homogenisieren und die pflanzlichen Abfälle unterzumischen, (siehe Kapitel Das jährliche Wenden, S. 65). Ein neuer Pflanzzyklus kann beginnen.

Torf und Pflanzerde werden nur beim Anlegen im ersten Jahr zugefügt. Anschließend wird dasselbe Substrat wiederverwendet. Es reichert sich selbst durch die Zersetzung des eingearbeiteten organischen Materials an.

Im Rahmen eines Jahreszyklus ersetzt die regelmäßige Zugabe von pflanzlichen Küchenabfällen die nährenden Substanzen, die von den Pflanzen entzogen werden. Somit bleibt die Fruchtbarkeit erhalten. Nur beim Anlegen des Recyplant ist die Zugabe von Dünger vereinzelt erforderlich.

Das jährliche Wenden fördert die Nährstoffbereitstellung für die Pflanzen und die Zersetzung des organischen Materials (siehe Kasten Das

„Nichts geht verloren, nichts wird erschaffen, alles verwandelt sich."

Dieses von dem Chemiker Lavoisier im Jahr 1789 formulierte Prinzip beschreibt eindrücklich die Funktion des Recyplant.

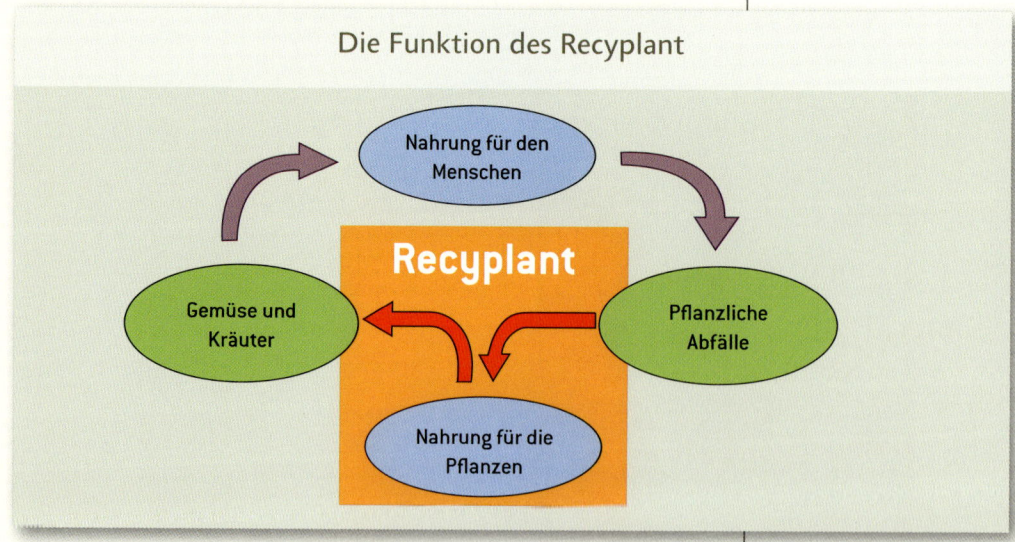

10

Einleitung

Prinzip des Kompostierens, S. 55 und Das Prinzip des Pflanzenwachstums, S. 33).

Das Gesamtvolumen nimmt eigentlich nicht zu, es nimmt sogar, trotz des regelmäßigen Beigebens von Küchenabfällen ab, (Feststellung nach vier Jahren Beobachtung). Dieser Punkt ist besonders wichtig, da sich wer Küchenabfälle kompostiert, ohne einen Garten zu haben, die Frage nach der Verwendung oder der Entsorgung des Komposts stellen muss.

Die Technik des Recyplant stellt zwei im Gartenbau weitverbreitete Thesen infrage:

1. Man soll vermeiden direkt in den Kompost zu pflanzen. Das stimmt zum Teil, da nicht alle Pflanzen die reichhaltige Nährstoffzugabe mögen, die der Kompost liefert. Daher sollte man sich auf die Pflanzenarten konzentrieren, die in diesem Milieu gut gedeihen (siehe Kapitel Pflanzensorten, S. 26). Außerdem sollte man darauf achten, nur den reifen Kompost zu bepflanzen[1].

2. Legen Sie den Kompost niemals auf einer geschlossenen Oberfläche (Pflastersteine, Beton oder Teer) an. Auch das ist nur eine Halbwahrheit. Auch wenn kein fruchtbarer Boden vorhanden ist, können Sie gute Ergebnisse erzielen (siehe Kapitel Die Ernte und der Ertrag, S. 70). Jedoch eignet sich eine erdige Oberfläche (selbst von schlechter Qualität) oder ein Rasen besser zum Aufstellen eines Recyplant, da manche Organismen, vor allem Würmer, in den Kompost wandern und die Zersetzung des zugegebenen pflanzlichen Materials fördern. Wenn Sie den Recyplant auf Fliesen stellen, sollten Sie helle Oberflächen vermeiden, da die jungen Blätter durch die Rückstrahlung verbrennen können.

[1] Es ist anzumerken, dass Eliot Coleman, der den Gemüseanbau im Warmbeet, wie er im Großraum Paris im 19. Jahrhundert praktiziert wurde, detailliert beschrieben hat, eine Kompostzugabe von 100 kg pro Quadratmeter vorschlägt. Das ist fast wie den Kompost bepflanzen (Eliot Coleman, Des légumes en hiver, Actes Sud, Arles, 2013).

Bauen & Befüllen der Kiste

Die Kiste bauen

Die Form des Recyplant ist die eines Holzkomposters in Würfelform, bestehend aus ineinandergesteckten Brettern mit Löchern an den Seiten.

Sie können die Kiste mit nachstehender Anleitung selbst bauen[1].

Die optimalen Maße für die Kiste sind 80 x 80 cm für die Seiten und 66 cm Höhe. Das entspricht einem Fassungsvermögen von 422 Litern.

Der geeignete Abstand zwischen den Brettern beträgt 3 cm. Dieser Abstand ermöglicht eine gute Belüftung und verhindert dabei Verluste durch Verdunstung und das Zusammenfallen des Substrats. Außerdem ermöglicht der Abstand das Gießen von außen (siehe Kapitel Das Bepflanzen, S. 31 und Die Bewässerung, S. 45).

Die Bretter sind 12 cm hoch.

Die Recyplant Kiste

Die Höhe der Bretter und der Abstand dazwischen sorgen für optimalen Platz für die Pflanzen.

Die Länge der Bretter bedingt das Volumen des Substrats, da die Höhe der Kiste unveränderlich ist. Die Länge der Bretter hängt daher vom Volumen der zu recycelnden Abfälle ab, d. h. von der Anzahl der im Haushalt lebenden Personen. Für einen Haushalt mit zwei Personen, genügt eine Innenlänge von 80 cm. Für eine 4-köpfige Familie benötigen Sie etwas längere Bretter: ca. 90 cm Innenlänge (Volumen: 535 Liter).

[1] siehe Website www.recyplant.fr

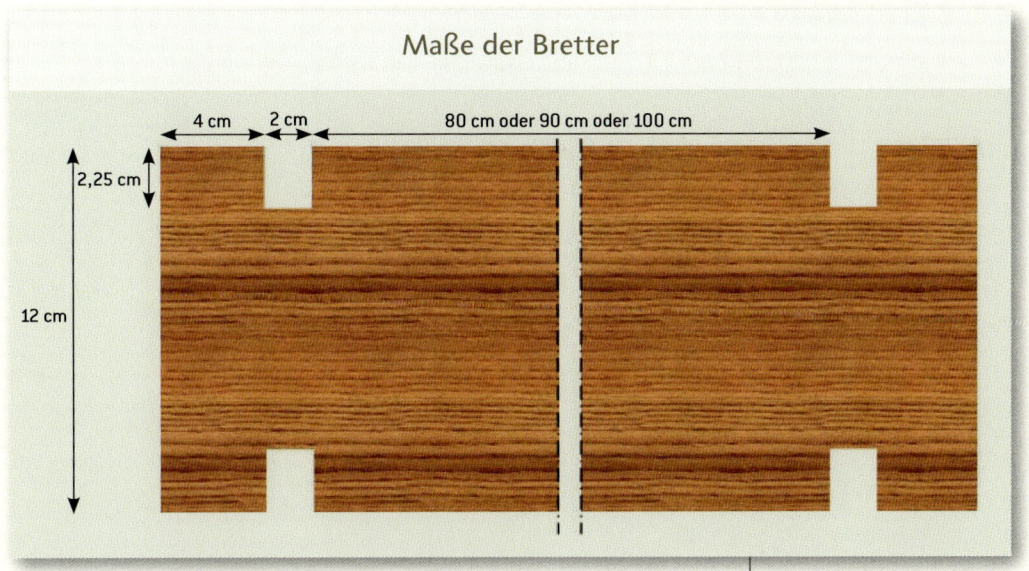

Für eine Hausgemeinschaft können Sie die Länge der Bretter auf 1 m verlängern (Volumen: 660 Liter).

Sollten Sie mehr Kapazität benötigen, können Sie mehrere Recyplant Komposter aufstellen.

Die Seitenlänge der Kiste sollte nicht kürzer als 80 cm sein. Sonst wäre man mit dieser Dimension unter der kritischen Masse des Substrats, die eine gute Zersetzung des organischen Materials garantiert. Bei der ersten Beigabe von Küchenabfällen könnten zudem die Wurzeln der Pflanzen beschädigt werden, und es ist nicht möglich, die Rotation der Einbringstellen durchzuführen (siehe Kapitel Wiederverwerten und Einarbeiten der Küchenabfälle, S. 49).

Die Stärke der Bretter sollte für eine längere Haltbarkeit 19-20 mm be-

Der Kompostgarten

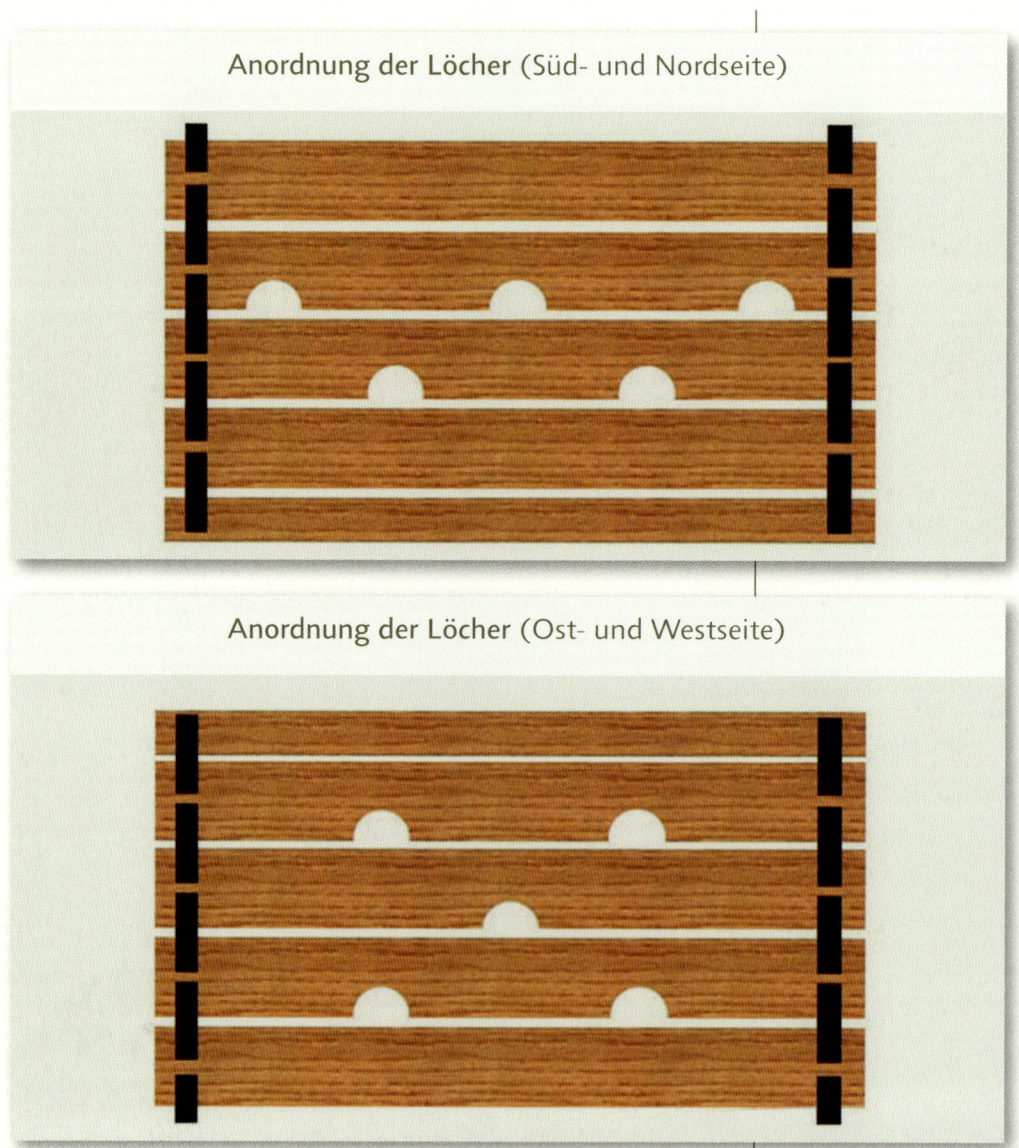

tragen. Die Douglasie eignet sich gut für die Kompostkiste. Verwenden Sie nur Kernholz.

Auf den Seiten werden halbrunde Löcher gebohrt, in die das Gemüse oder die Kräuter gepflanzt werden. Die Löcher haben einen Durchmesser von 7 bis 8 cm. Bei der Kiste mit Seitenlänge 80 cm sind sie im Abstand von 32 cm angebracht, bei 90 cm sind es 35 cm und bei 100 cm im Abstand von 38 cm. Die Löcher werden versetzt angebracht, je nachdem wie die Seite ausgerichtet sein wird (siehe nebenstehende Skizze). Für diese Kompostkiste wurde ein Patent angemeldet.

Die zwei Bretter werden der Länge nach in der Mitte durchgesägt; sie ergänzen den oberen bzw. unteren Rand auf jeder Seite.

Die halbkreisförmigen Löcher werden mit der Bohrmaschine mit einem Dosenbohreraufsatz gebohrt.

Der Kompostgarten

Das Anlegen im ersten Jahr

Der Recyplant sollte zum Ende des Winters angelegt werden, zum Beispiel im März zur Bepflanzung im April. Wählen Sie einen sonnigen Standort, vermeiden Sie jedoch eine südliche Ausrichtung wegen der intensiven Hitze im Sommer.

Empfehlung:
Auf hellen Fliesen kann das einsickernde Wasser braune Rinnsale hinterlassen. Sie können zum Schutz des Terrassenbodens den Recyplant auf eine Plastikfolie stellen.

Das Material

ein 25 kg Sack Kompost oder Pflanzerde

zwei 125 Liter Säcke Torf

zwei 25 kg (70 Liter) Säcke Pflanzerde

120 g Volldünger oder organischen Dünger (Hornspäne, Knochenmehl, Blutmehl, Guano ....)

Holzasche und Kaffeesatz (falls vorhanden)

2 kg Küchenabfälle

drei Obstkistchen

Äste, Blätter, Eierkartons aus Pappmaschee

Das benötigte Material zum Anlegen eines Recyplant

Das Werkzeug

Gießkanne und 36 Liter Wasser

Spaten

Gartenschere

Die Erde und der Kompost bilden ein ideales Substrat für die Pflanzung, der Torf hingegen fördert die Luft- und Wasserdurchlässigkeit und wirkt gegen die Verdichtung, die sich im Lauf der Zeit ergibt.

Der Kompost und die Erde garantieren eine Zufuhr an Mikroorganismen. Pflanzerde aus dem Handel wird in der Regel wärmebehandelt, um Unkrautsamen und Parasiten zu vernichten. Aber dabei wird gleichzeitig die ganze Mikroflora und -fauna zerstört, die bei der Zersetzung des organischen Materials aktiv wird.

Belüftungszone

Das Befüllen der Kiste

Das unterschiedliche Material wird in abwechselnden Lagen in den Holzrahmen gegeben. Beginnen Sie mit einer komprimierten Lage von 10 – 12 cm groben Materials für die Belüftungszone in Bodennähe (Zweige, Blätter, zerkleinerte Obstkisten, zerkleinerte Eierkartons).

Dann wechseln sich die Lagen in folgender Reihenfolge ab:

1/2 Sack Pflanzerde
(gut mit dem Spaten auf der gesamten Oberfläche verteilen)

1/2 Sack Torf (auf der gesamten Oberfläche verteilen und leicht an den Rändern und in den Ecken mit dem Spaten andrücken)

1/2 Gießkanne Wasser (6 Liter)

1/2 Sack Pflanzerde

1/2 Sack Torf

1/2 Gießkanne Wasser (6 Liter)

1 Sack Kompost oder Pflanzerde

2 Handvoll Dünger, der über die gesamte Oberfläche verteilt wird (2 x 30 g)

1/2 Sack Torf

1/2 Gießkanne Wasser (6 Liter)

1/2 Sack Pflanzerde

2 Handvoll Dünger

1/2 Sack Torf

Holzasche und Kaffeesatz

Die mit Substrat befüllte Kiste

Bauen & Befüllen der Kiste

1/2 Gießkanne Wasser (6 Liter)

1/2 Sack Pflanzerde

1 Gießkanne Wasser (12 Liter)

Das Substrat, das daneben gefallen ist, wird nach dem Trocknen zusammengefegt und in die Kiste gegeben. Es ist wichtig, die Ränder und Ecken leicht anzudrücken, da sich diese Stellen im Laufe der Zeit als wenig stabil erweisen.

Die Säcke Pflanzerde und Torf aus dem Handel werden in der Regel bei der Befüllung zusammengedrückt, um den Palettentransport und die Lagerung zu erleichtern. Wenn Sie den Sack leeren, müssen Sie die Ballen mit der Hand oder dem Spaten gut zerkrümeln.

Gesamthöhe: ca. 62 cm
Erforderliche Arbeitszeit: 1 Stunde 30 Minuten

Die Kompostkiste sollte einen Monat ruhen, damit die Mischung sich stabilisiert und die biologische Aktivität beginnt, bevor sie an den Seiten bepflanzt werden kann. Folglich kann man von Anfang an in den Ecken an der Oberfläche Radieschen säen und Salat pflanzen (siehe Kapitel Das Bepflanzen, S. 31).

An der Oberfläche können Sie auch Kapuzinerkresse zwischen dem Salat aussäen. Diese bedeckt dann die Oberfläche und schränkt deren Austrocknung ein; zudem ist Kapuzinerkresse sehr dekorativ und die essbaren Blüten zieren Ihren Salat. Die Küchenabfälle können direkt nach dem Befüllen der Kiste hinzugegeben werden.

Der Platzbedarf

Der Recyplant ermöglicht ein optimales Ausnutzen des verfügbaren Platzes, da dieser dreidimensional genutzt wird (siehe unten stehende Skizze).

Durch das vertikale Pflanzen auf mehreren Ebenen verdreifacht sich die verfügbare Pflanzfläche. Für eine Oberfläche von 0,64 m^2 (80 cm x 80 cm), sind insgesamt 2 m^2 Pflanzoberfläche auf den vier Seiten verfügbar (bei einer Substrathöhe von 62 cm).

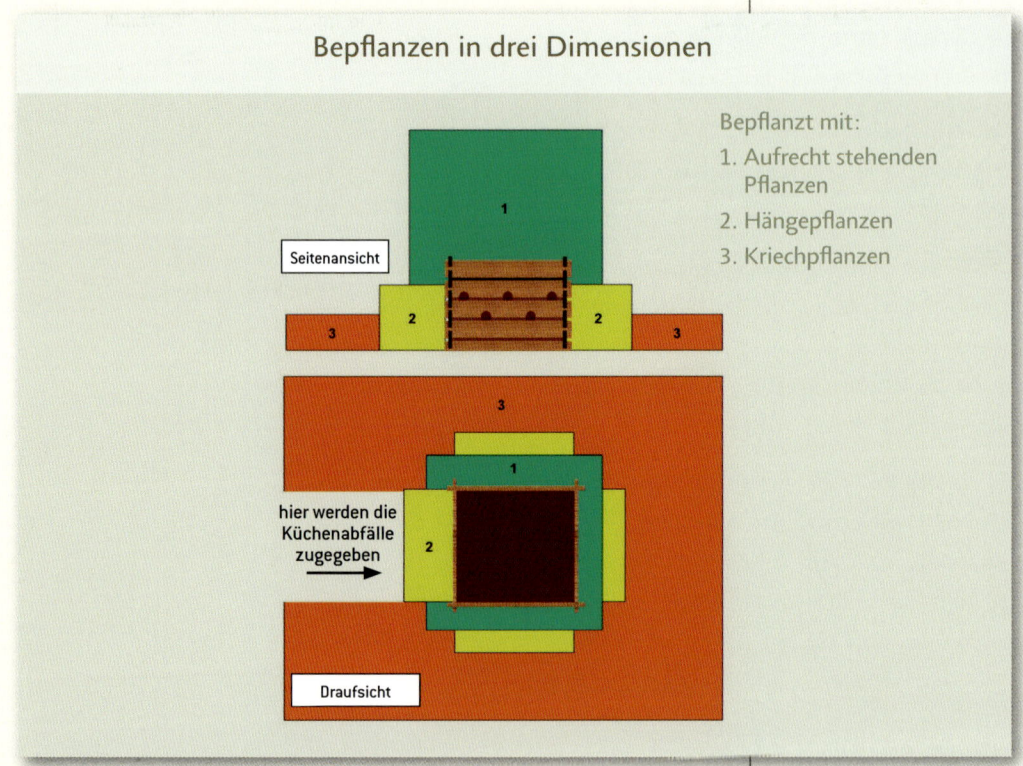

Bauen & Befüllen der Kiste

Tausendundeine Möglichkeit den Recyplant einzusetzen

In einem Wohnhaus

Ein Recyplant kann bei einem Wohnhaus mit ca. 10 Parteien aufgestellt werden. Die Bewohner deponieren ihre sortierten pflanzlichen Küchenabfälle in einem Plastikgefäß mit Deckel neben dem Recyplant. Das geerntete Gemüse und die Küchenkräuter sind für alle Bewohner. Das bedeutet, dass ein oder zwei Personen für den Recyplant verantwortlich sind (Bepflanzen, Einarbeiten der Küchenabfälle, Pflege, Gießen, Ernte und Wenden), was einen Arbeitseinsatz von zweimal einer halben Stunde pro Woche erfordert. Ein Recyplant kann zusätzlich zu einem üblichen, bereits vorhandenen Kompost aufgestellt werden. Damit wird der so produzierte Kompost aufgewertet.

In Schulen

Das System ist zur Sensibilisierung der Kinder in der Großstadt, für die Herstellung pflanzlicher Nahrungsmittel und dem Wiederverwerten von organischem Material, pädagogisch ausgesprochen wertvoll. Die Kinder können anpflanzen, das Gemüse pflegen und ernten. Pflanzen Sie nur Gemüse, Kräuter und Blumen mit kurzem Pflanzzyklus (Salat, Radieschen), damit Sie vor den Sommerferien noch ernten können.

Im Unternehmen

Er kann in einem Unternehmen beispielsweise auf einer Wiese aufgestellt werden. Der wiederzuverwertende Abfall besteht aus Resten des Mittagessens (nach dem Sortieren), Obstschalen und -reste, Kaffeepads und Teebeutel aus Papier. Auch hier müsste ein Freiwilliger die Verantwortung übernehmen.

Für einen Koch

Der Recyplant eignet sich auch für einen Koch in der Stadt, der seine eigenen Küchenkräuter und essbaren Blüten (bzw. Gemüse) anpflanzen möchte und dabei noch die Gemüseschalen wiederverwertet. So kann er seinen Gästen sein Engagement für die Umwelt, das Mikrogärtnern und seine Verbundenheit mit der Natur zeigen.

In einem Gefängnis

Eine kreative Aufgabe für die Insassen und Gelegenheit, die Harmonie der Natur zu bewundern und darüber nachzudenken.

In den Bergen

Mit dem Recyplant erhalten Sie schnell Gemüse und Küchenkräuter bei Schutzhütten in den Bergen, wo die Pflanzperiode aufgrund der Höhe und den niedrigen Temperaturen auf wenige Monate reduziert ist.

Im Supermarkt

Hier kann das nicht verkaufte Gemüse, Bio oder auch nicht, wiederverwertet werden. Das geerntete Gemüse ist für das Personal des Supermarkts.

Im Seniorenheim

Einen Recyplant zu pflegen kann für ältere Menschen eine sehr stimulierende und bereichernde Beschäftigung sein. Durch die erhöhte Position können auch bewegungseingeschränkte Personen gärtnern. Kriechpflanzen, die den Boden bedecken, sollten vermieden werden, damit der Recyplant auch mit Rollstuhl oder Rollator zugänglich ist.

Und nicht zuletzt...

ist es die ideale Technik für alle, die eine einfache, autarke Lebenweise anstreben.

Die Pflanzen

Der Kompostgarten

Die Pflanzensorten

Fruchtgemüse, Blattgemüse, Gewürzpflanzen und Blüten (möglichst essbare) können im Recyplant angepflanzt werden. Das System eignet sich nicht für Wurzelgemüse und für Knollen (Karotten, Kartoffeln, Rüben, usw.). Sie können nicht geerntet werden, da das System nur einmal jährlich abgebaut wird.

Pflanzen mit starkem Wurzelsystem entwickeln sich sehr gut (Kohl, Tomaten, Aubergine). Bevorzugen Sie die veredelten Setzlinge (Tomaten, Aubergine, Paprika), die einen größeren Ertrag bringen und widerstandsfähiger sind. Diese Setzlinge sind zwar teurer, aber die Vorteile übersteigen die Kosten bei Weitem. Eine veredelte Pflanze ist nicht genmanipuliert. Das Aufpfropfen ist eine seit Jahrhunderten angewandte Technik der pflanzlichen Reproduktion. Ein Pfröpfling einer geschmackvollen Variante wird auf eine widerstandsfähige Variante gepfropft: die Unterlage.

Der Recyplant eignet sich weniger für Pflanzen mit einem schwachen Wurzelsystem (Bohnen, Erdbeeren, Petersilie), jedoch auch diese Pflanzen können dort wachsen.

Im Innern des Recyplant ist die Temperatur durch die Zersetzung des organischen Materials höher, das ist der Komposteffekt (siehe Das Prinzip des Kompostierens, S. 55). Pflanzen, die gerne ‚warme Füße' haben (Kürbisgewächse: Kürbisse und Riesenkürbis, tropische oder ursprünglich tropische Pflanzen: Zitronengras, Tomaten, Aubergine), mögen das besonders. Von manchen Pflanzen wird abgeraten, da sie

DIE PFLANZEN

den ganzen Platz einnehmen würden, wie das bei der Physalis der Fall wäre. Achten Sie darauf, Sorten zu wählen, die in Ihrer Region üblich sind, fragen Sie hierfür Ihren Gartenfachhändler. Es werden F1-hybride empfohlen.

Sie können auch ein paar Blumen pflanzen, damit der Recyplant dekorativ aussieht: Kapuzinerkresse an der Oberfläche aber auch alle essbaren Blüten (Borretsch, Ringelblumen, Chrysanthemen, Studentenblumen, etc.). Die Studentenblume hat den Vorteil die Fadenwürmer, ein Wurzelschädling, fernzuhalten und die Schwebfliege anzuziehen, die sich von Blattlauslarven ernährt. Sonnenblumen sind besonders dekorativ, da Sie die Pflanzung erhöhen.

Der Kompostgarten

Das Bepflanzen und die Ausrichtung

Aufrecht stehende Pflanzen werden oben oder in der Mitte eingepflanzt (Tomaten, Kohl, Paprika, Aubergine, Lauch, Zitronengras, Frühlingszwiebeln, Petersilie, roter Basilikum, Borretsch, Liebstöckel). Eine Ebene tiefer werden Hängepflanzen (Zucchini, Zitronenmelisse, Oregano, Rucola, Austernpflanze) und Kriechpflanzen (Minze, Neuseeländer Spinat, Kürbis, Riesenkürbis, Patisson) gesetzt. Wir zeigen hier eine einfache Bepflanzung, mit der Sie gute Ergebnisse erzielen können und die Einsteigern empfohlen wird. In den Folgejahren, je nach Erfahrung und Geschmacksvorlieben, können Sie andere Pflanzen ausprobieren, jedoch immer unter Berücksichtigung der Art des Wachstums (stehen, hängen, kriechen) und der Größe der reifen Pflanze. Es ist unnötig bzw. schädlich zu viele Pflanzen anbauen zu wollen.

Südseite

Diese Seite ist der Sonne am meisten ausgesetzt. Es ist die Seite mit der höchsten Produktivität und den schönsten Früchten. Sie sollte den Tomaten und Aubergine auf der oberen Ebene und den Zucchini für die tiefere Ebene vorbehalten sein. Die aufrecht stehenden Pflanzen (Tomaten, Aubergine) werfen einen Schatten, der die Kompostoberfläche vor dem Austrocknen schützt.

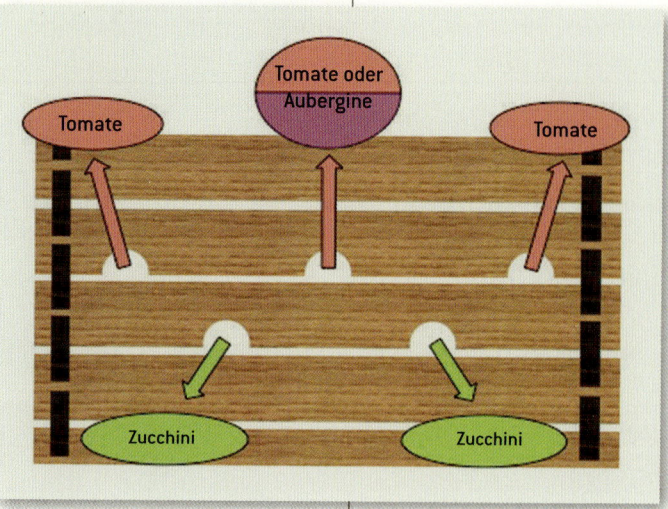

Westseite

Die Westseite ist ebenfalls begünstigt. Sie können hier Tomaten und Aubergine aber auch Kohlköpfe auf der oberen oder mittleren Ebene pflanzen. Zucchini und Kürbisse werden auf der unteren Ebene gepflanzt.

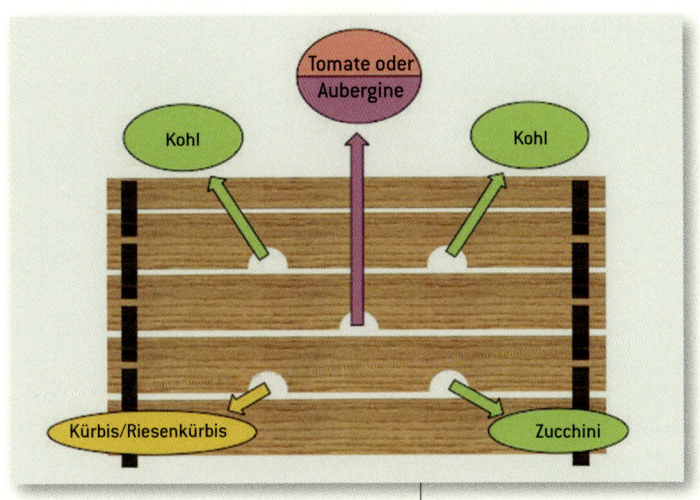

Ostseite

Diese Seite ist etwas ungünstiger als die Westseite. Hier sollten Sie die Küchenkräuter pflanzen. Auf dieser Seite werden Sie auch die Küchenabfälle zuführen, da die Pflanzen nicht so viel Platz in Anspruch nehmen.

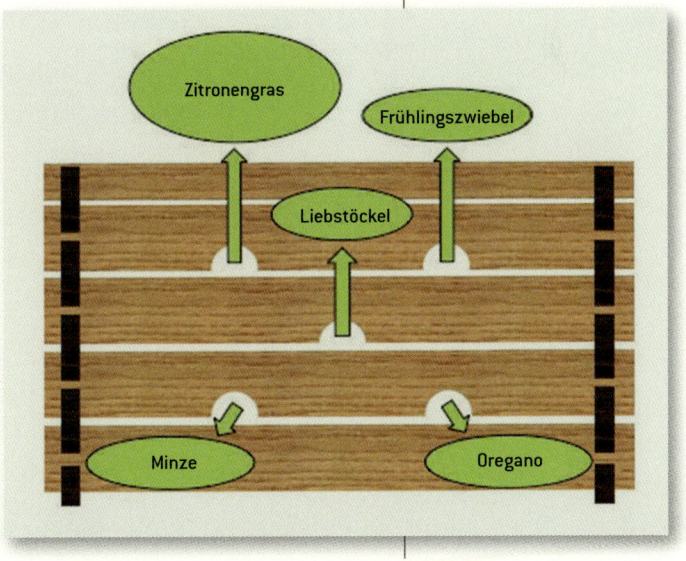

Nordseite

Aufgrund der fehlenden Sonneneinstrahlung ist das die schwierigste Seite. Auf der oberen Ebene können Sie Brokkoli pflanzen. Nach einigen Wochen wird er problemlos Sonne abbekommen, da die Spitze der Pflanze den Rand der Kiste überragen wird. Darunter sollten Sie Kürbisse pflanzen. Diese horizontal üppig wachsenden Pflanzen werden den Boden um den Recyplant bedecken. Achten Sie darauf, die kräftigen Pflanzen so zu setzen, dass sie schnellstmöglich aus der schattigen Zone wachsen und Sonne abbekommen.

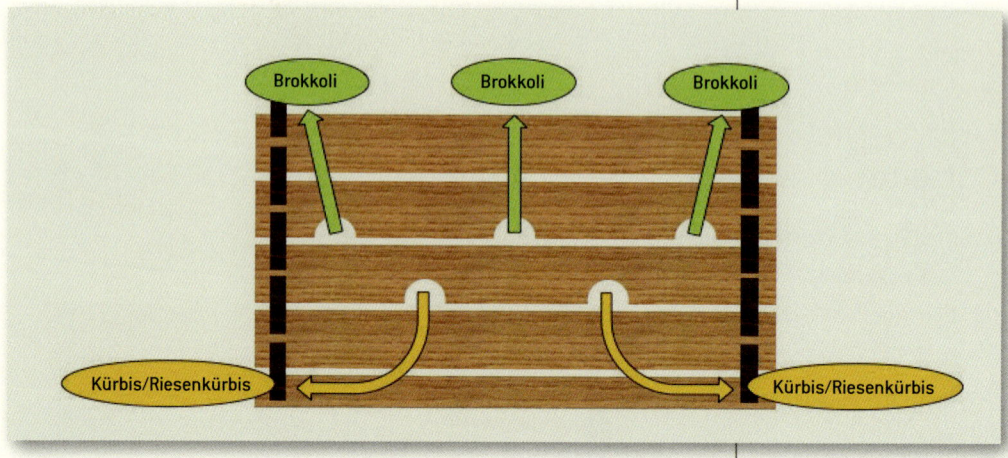

Das Bepflanzen

DIE PFLANZEN

In die Seiten können nur Pflanzen mit Wurzelballen gesetzt werden. Daher sollten Sie Setzlinge kaufen oder sie selbst ziehen. Sie benötigen eine Pflanzkelle, die durch die Löcher in der Kompostkiste passt, oder die Sie mit der Zange an den Durchmesser des Lochs anpassen können.

Bohren Sie mit der Pflanzkelle durch das Loch im Brett ein Pflanzloch. Bohren Sie schräg nach unten (siehe Foto 2). Füllen Sie mit der Gießkanne Wasser in das Loch (entfernen Sie den Brausekopf).

Nehmen Sie den Setzling aus dem Topf und drücken Sie den Wurzelballen leicht zusammen, damit er etwas kleiner als das Loch ist. Wenn der Wurzelballen sehr durchgetrocknet ist, legen Sie ihn für ein paar Minuten in Wasser.

Setzen Sie den Wurzelballen vorsichtig in das Loch, um diesen nicht zu beschädigen. Wählen Sie Setzlinge, die in der Größe zum Durchmesser des Lochs (7-8 cm) passen. Sollte der Wurzelballen größer als 7-8 cm sein, entfernen Sie sorgfältig überschüssige Erde. Drücken Sie die Erde um die Pflanze rundum an.

Drücken Sie die Erde über der Pflanze, entlang des Brettes, das über dem Pflanzloch liegt, mit den Fingern nach unten. So bilden Sie ein klei-

Der Kompostgarten

nes Reservoir von 10 cm Länge und 3 cm Tiefe zwischen dem Substrat und dem Brett. Dieses Reservoir hilft beim späteren Gießen. Drücken Sie die Erde um die Pflanze rundum an.

Gießen Sie die Pflanze von oben, lassen Sie das Wasser an die Stelle der zusammengesunkenen Erde laufen (siehe Foto 3).

Die Erde, die daneben gefallen ist, wird nach dem Trocknen zusammengefegt und in die Kiste gegeben.

Eine Direktaussaat ist nur an der Oberfläche möglich, wo Sie eine Linie Radieschen entlang der Bretter und in den Ecken etwas Kapuzinerkresse aussäen können. Sie können in die Ecken auch Salat setzen, sobald die Temperaturen aus dem Frostbereich gehen oder etwas früher unter einem Mini-Gewächshaus (siehe Kapitel Im Winter, S. 60).

Das Bepflanzen der Oberfläche ist das ganze Jahr über möglich, je nach verfügbarem Platz.

Das Prinzip des Pflanzenwachstums

Eine Pflanze benötigt für ihr Wachstum Nährstoffe, Wasser, Wärme, Licht und ein luftiges Substrat, das eine gute Wurzelentwicklung ermöglicht. Wenn sich eine Pflanze schlecht entwickelt oder verkümmert, müssen diese fünf Punkte überprüft werden. Parasiten und Krankheiten sind eher eine Konsequenz als eine Ursache. Eine Pflanze verkümmert nicht, weil es Insekten oder Krankheiten gibt, sondern wenn eine Pflanze nicht kräftig und ausgeglichen ist, hat sie nur geringe Widerstandskraft gegen Angreifer von außen.

Die Nährstoffe der Pflanzen bestehen aus mineralischen und organischen Substanzen.

Blätter lässt mithilfe der Sonnenenergie aus Wasser und CO_2 Kohlenhydrate entstehen. Diese Reaktion setzt Sauerstoff frei, den wir atmen. So entstehen die Kohlenstoffbausteine, die die Struktur der Pflanze ausmachen.

Der Recyplant bietet sehr gute Bedingungen für das Wachstum der Pflanzen, sofern sie regelmäßig gegossen werden, an einem sonnigen Platz stehen und dass das jährliche Wenden durchgeführt wird. Die Wärme, die sich beim Zersetzungsprozess des organischen Materials entwickelt, garantiert einen schnellen Start im Frühjahr. Ab dem zweiten Jahr stehen die Nährstoffe, die in den kompostierten Küchenabfäl-

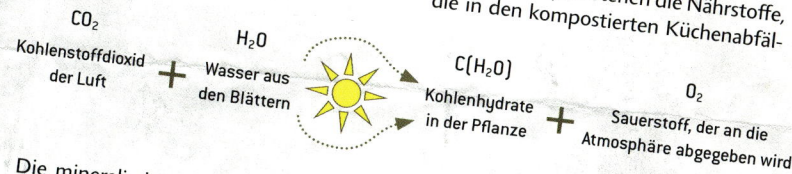

CO_2 Kohlenstoffdioxid der Luft + H_2O Wasser aus den Blättern → $C(H_2O)$ Kohlenhydrate in der Pflanze + O_2 Sauerstoff, der an die Atmosphäre abgegeben wird

Die mineralischen Substanzen (vor allem Stickstoff, Phosphor und Kalium) lösen sich im Wasser des Bodens auf und werden von den Wurzeln aufgesogen. Das sind die hauptsächlichen Bestandteile des Düngers ebenso chemisch wie natürlich.

Die organischen Bestandteile (d. h. die Kohlenstoffverbindungen) stammen aus der Luft: Das bekannte Kohlendioxid oder CO_2, das immer wieder in Verbindung mit der Klimaerwärmung genannt wird. Das CO_2 aus der Luft wird durch Fotosynthese in den Blättern zu Kohlenhydraten (Stärke und Zucker) umgebaut. Das Chlorophyll der

len enthalten sind, reichlich zur Verfügung. Die Nährstoffe sind von der Pflanze erst nach der Mineralisierung des organischen Materials verwertbar, ein Prozess, der mehrere Monate in Anspruch nimmt. Das ist der Grund dafür, dass es beim Anlegen eines Recyplant im ersten Jahr erforderlich ist, etwas Dünger hinzuzufügen, vor allem da der Torf sehr wenig Nährstoffe enthält (siehe Kapitel Das Anlegen im ersten Jahr, S. 18).

Die Pflege

Die Pflege des Recyplant

… erfordert nur wenig Aufwand, bei intensiver Pflege können Sie jedoch die besten Ergebnisse erzielen. Da Sie sich nur um ungefähr 30 Pflanzen kümmern müssen, werden Sie jede einzelne genau kennen und werden Freude an ihrer Pflege haben.

Eine regelmäßige Überwachung, mindestens zweimal die Woche, ist notwendig, insbesondere im Sommer hinsichtlich der Bewässerung. Es ist daher wichtig, dass Sie den Recyplant in der Nähe Ihrer Wohnung und einer Wasserquelle aufstellen.

Wenn Sie zu Beginn bemerken, dass eine Pflanze nicht richtig anwachsen will, sollten Sie sie ersetzen. Normalerweise treibt der Setzling nach sieben bis zehn Tagen neue Blätter, wächst aufgerichtet nach oben und sieht kräftig aus. Sollte ein Setzling von Schnecken angefressen worden sein, ist dieser ebenfalls auszutauschen.

Grundsätzlich sollten Sie bei der Pflege des Recyplant trockene Blätter oder Blätter, die Anzeichen von Krankheitsbefall aufweisen, regelmäßig entfernen. Diese Blätter nehmen nicht mehr am Leben der Pflanze teil, sie werfen auf die gesunden Blätter Schatten und können Krankheitsherde bilden.

Die kranken Blätter oder Pflanzen sollten nicht auf dem Kompost verwertet werden. Sie werden mit dem Grünschnitt entsorgt oder wandern in den Restmüll. Ebenso zum Ende der Saison, gegen Oktober/November, wenn die mehr oder weniger vertrockneten Pflanzenreste übrig sind (Tomaten-, Aubergine- und Zucchinistängel, Füße der Kohlköpfe, usw.) sollten Sie diese nicht wiederverwenden, um die Ausbreitung von Krankheiten zu vermeiden. Sie werden bei der Grünschnittabgabe oder im Mülleimer entsorgt.

Wenn Parasiten (Raupen, Nacktschnecken, Schnecken) auftreten, sammeln Sie diese von Hand ab. Der beste Zeitpunkt hierfür ist die Dämmerung.

Auch Ameisen können den Recyplant als Heimstatt wählen, vor allem im Frühjahr. Das ist kein Problem, da sie im Lauf des Jahres wieder abziehen. Treten Ameisen in großer Zahl auf, geben Sie Schwefel auf ihre Wege und zerstören Sie ihr Nest, da sie Blattläuse anziehen können.

Die Pflege

Der Anbau nach Pflanzenarten

Radieschen und Salat

Der Anbau von Radieschen und Salat ist vor allem im Frühjahr einfach. Bereits ab Ende April können Sie ernten, insbesondere wenn Sie ein Mini-Gewächshaus haben.

Die Radieschen müssen auf dem Kompost gesat werden. Öffnen Sie hierfür eine Furche von 1 cm Tiefe. Säen Sie dünn aus, da meist das ganze Saatgut aufgeht. Gut andrücken, da das Substrat nach dem jährlichen Wenden sehr locker ist. Ausdünnen und 2 cm Platz zwischen den Pflanzen lassen. Sie können vor der Sommerhitze, die das Wachstum nicht begünstigt, zwei Radieschenernten einbringen.

Diese Sorten sollten Sie wählen:
Alle Radieschensorten können im Recyplant wachsen. Wählen Sie die Sorte, die Ihnen am besten schmeckt. Zu Beginn der Saison sollten Sie Kopfsalat setzen, ab August Endiviensalat.

Auf dem Kompost gepflanzte Radieschen und Salat

Die Tomate

Das Milieu des Recyplant begünstigt das Tomatenwachstum ungemein. Die Fruchtbildung ist reichlich, daher ist eine stabile Abstützung unumgänglich (z. B. Bambusstecken).

Die Tomatenpflanze hat einen üppigen Wuchs. Es ist daher wichtig, die Tomaten auszugeizen, d. h. die wilden Triebe, die sich am Blattansatz entwickeln, mit Daumen und Zeigefinger abzuzwicken (siehe Foto). Ebenso sollten Sie weitere Stiele, die aus dem Fuß wachsen, entfernen, damit nur ein Stiel bleibt. All dies fördert die Fruchtbildung. Entfernen Sie die ersten Blätter am Fuß, sobald diese Anzeichen der Alterung zeigen, um das Entstehen von Krankheiten zu vermeiden. Lassen Sie 4 bis 5 Büschel pro Pflanze stehen. Bevorzugen Sie veredelte Pflanzen.

Empfehlenswerte Sorten: Fantasio, Ochsenherztomate und alle Kirschtomatensorten.

Tomaten ausgeizen

Tomate Fantasio

Muskatkürbis

Die Pflege

Der Kürbis und der Riesenkürbis

Damit der Kürbis wachsen kann, muss die Pflanze zunächst weibliche Blüten ausbilden. Das ist nicht ganz einfach, da der Kürbis sehr viel mehr männliche als weibliche Blüten ausbildet. Diese erkennt man an der Verdickung am Fuß der Pflanze. Auf dem 3. Foto ist eine männliche Blüte abgebildet, während die kleine mit Knospe an der Basis weiblich ist. Sie können die Bildung der weiblichen Blüten begünstigen, indem Sie die Enden der jungen Triebe nach dem dritten Blatt abknipsen.

Männliche und weibliche Kürbisblüte

Bestäubung einer Kürbisblüte

Dann muss die Befruchtung stattfinden, d. h. dass der Pollen einer männlichen Blüte auf den Stempel der weiblichen Blüte gelangt. Normalerweise ist das die Aufgabe der Insekten (Bienen, Hummel, etc.). Aber manchmal genügt das nicht, da die weibliche Blüte nur einen Tag lang ganz geöffnet ist und die Population der Bestäubungsinsekten in der Stadt begrenzt ist. Daher müssen Sie der Natur behilflich sein und den Pollen einer männlichen Blüte mithilfe eines Pinsels auf den Stempel der weiblichen, völlig geöffneten Blüte (siehe Foto 4) geben. Die Kreuzbefruchtung ist wirkungsvoller, was bedeutet, dass die weibliche und die männliche Blüte von zwei verschiedenen Pflanzen stammen sollten. Ein oder zwei Lavendelstöcke in der Nähe des Recyplant zieht die Bestäubungsinsekten an und begünstigt die Befruchtung des Kürbisses.

Riesenkürbis (Roter Zentner)

39

Der Kompostgarten

Auf einer Terrasse fließt das Wasser bei Regen nicht ab, was den Kürbis faulen lässt. Es ist daher sinnvoll, unter den Kürbis eine schräge Platte zu legen. Diese sollte nach Norden gerichtet sein, um heftige Hitze zu vermeiden (siehe Foto 5 der vorhergehenden Seite).

Anmerkung: Im Allgemeinen gedeihen Kürbisse besser im hohen Gras einer nicht gemähten Wiese als auf Pflastersteinen, da sie so vor der Sonne geschützt sind.

Empfehlenswerte Sorten:
Muskatkürbis, Riesenkürbis (Gelber und roter Zentner).

Die Zucchini

Die Zucchini ist leicht anzubauen. Es kommt vor, dass die älteren Blätter trotz Behandlung mit Schwefel und Kupferkalkbrühe* recht schnell von einem weißen Puder bedeckt werden, vor allem bei regnerischem Wetter. Das ist echter Mehltau, eine Pilzerkrankung. Die befallenen Blätter müssen entfernt und im Restmüll entsorgt werden. Das Wachstum der schönsten Früchte wird begünstigt, wenn Sie die kleinen, unförmigen, welken Früchte und die Früchte mit vertrockneten Enden abscheiden.

Empfehlenswerte Sorte:
Diamant

Zucchini Diamant

---

* Zulassung umstritten

Die Pflege

Die Kohlsorten (Wirsing)

Vor dem Ausbilden des Kopfes kann der Kohl große Blätter entwickeln, welche die Nachbarpflanzen beeinträchtigen können. Sie können sie abschneiden und als junge Blätter in der Suppe oder als Abdeckung verwenden (siehe nebenstehendes Foto).

Empfehlenswerte Sorte: Rigoleto.

Kohlblätter auf dem Kompost zum Schutz gegen Verdunstung

Der Brokkoli

Brokkoli Marathon

Achten Sie auf die Unterseite der Blätter. Wenn Sie kleine grüne Eier bemerken, müssen diese entfernt werden. Es sind Raupeneier, die eine ganze Pflanze in einer Nacht auffressen können. Wenn trotzdem Raupen schlüpfen, sammeln Sie sie von Hand ab. Wenn Sie den Hauptkopf abgeerntet haben, lassen Sie die Pflanze stehen. Nach wenigen Wochen kommen neue Triebe. So entwickelt ein Brokkoli, der im April gepflanzt wird, Triebe bis zum Ende des Jahres, selbst im Winter, vor allem wenn Sie ein Mini-Gewächshaus aufstellen.

Empfehlung: Schneiden Sie bei der Ernte des ersten Kopfes den Stiel nicht zu tief ab, damit sich neue Triebe entwickeln können.

Empfehlenswerte Sorten: Marathon.

Brokkoli Füße

Raupenbefall auf Brokkoli

Die Aubergine

Schneiden Sie oberhalb von 4 bis 5 guten Blättern so ab, dass Sie 3 bis 4 Zweige mit Blüten erhalten. Wenn die Triebe gut ausgebildet sind, schneiden Sie sie oberhalb des Blattes über der dritten Blüte ab, um 3 Früchte pro Stil zu behalten. Stabil abstützen. Die Aubergine benötigt mehr Wärme als Tomaten. Eine Plastiktüte zum Schutz ist sehr nützlich, um die Reifung voranzutreiben. Bevorzugen Sie veredelte Pflanzen.

Empfehlenswerte Sorten:
Baluroi (länglich) oder Bonica (rund).

Aubergine Baluroi

Schutzsack für die Aubergine

Die Pflege

Kräuter und essbare Blüten

Die Küchenkräuter mögen das reiche Milieu des Recyplant. Manche entwickeln sich sehr gut im Frühling und wachsen dann langsamer (Petersilie, Minze, Zitronenmelisse). Es ist möglich, dass die Kräuter was die Wurzeln angeht im Wettbewerb mit anderen Pflanzen stehen. Sie sind ebenfalls empfindlicher gegen Austrocknen, was in der Peripherie des Substrats passieren kann. Manche Pflanzen, wie Liebstöckel, können ein üppiges Wachstum erreichen. In diesem Fall sollten Sie sie regelmäßig zurückschneiden. Mit folgenden Pflanzen erzielen Sie die besten Ergebnisse: Zitronengras, Liebstöckel, Frühlingszwiebel, Oregano, Majoran, violetter Basilikum, Borretsch, Austernpflanze. Der violette Basilikum behält im Gegensatz zum grünen Basilikum sein Aroma auch nach dem Trocknen. Bei essbaren Blüten ist die Kapuzinerkresse am ergiebigsten, ebenso wie die Zucchiniblüten und die Rucolablüten. Bei der Kapuzinerkresse können Sie die Blüten und auch die jungen Blätter und die Früchte im Salat genießen.

Küchenkräuter

Rucolablüte

Blüte und Frucht der Kapuzinerkresse

Pflanzenschutzmittel

Die einzig verwendeten Produkte sind Kupferkalkbrühe (Kupfersulfat), Schwefel und schwarze Flüssigseife. Die Kupferkalkbrühe und der Schwefel können gemischt werden (siehe Herstellerempfehlung für die Dosierung). Diese Produkte werden als vorbeugende Maßnahme alle 14 Tage ab Monat Juni auf die Tomaten, Zucchini und Aubergine gesprüht. Ebenso sollten Sie nach jeder Regenperiode, wenn die Sonne wieder scheint, eine zusätzliche Behandlung durchführen. Schwarze Seife wirkt gegen Blattläuse und andere Parasiten. Sie sollte großzügig auf die befallenen Pflanzen versprüht werden.

Schneckenfraß an junger Zucchini

Wenn der Recyplant auf einer Wiese steht, können die Pflanzen bei Regen von Schnecken befallen werden. Junge Pflanzen und Früchte sind besonders anfällig. Mähen Sie zur Vorbeugung das Gras auf 10 cm rund um die Kiste und verstreuen Sie Schneckenkorn auf der Grundlage von Eisenphosphat. Untersuchen Sie mit dem Finger den Platz zwischen den Brettern und dem Substrat, um die Schädlinge zu vertreiben. Sollten Sie andere Pflanzenschutzmittel einsetzen wollen, verwenden Sie nur für den ökologischen Landbau zugelassene Produkte

Ausgestreutes Schneckenkorn

Die Bewässerung

Die Bewässerung des Recyplant ist sehr wichtig, ebenso wie das jährliche Wenden. Dieses System benötigt aufgrund der Evapotranspiration durch die Pflanzen und das Verdunsten durch die Seiten des Komposters viel Wasser. In der Sommerhitze, wenn die Pflanzen die größte Blattoberfläche haben, ist selbst bei Regen regelmäßiges und reichliches Gießen unerlässlich. Für die optimale Wasserzufuhr sollten Sie Löcher in den Kompost bohren, damit das Regenwasser den ganzen Kompost durchdringen und so zu den unteren Wurzeln der Pflanzen gelangen kann.

Wenn es im Sommer länger als eine Woche nicht geregnet hat, benötigt der Kompost alle 3 Tage eine Wasserzufuhr von 3 Gießkannen mit je 10 Litern. Lösen sich die Komposträder von den Brettern, ist das ein Zeichen für Wassermangel.

Abends ist die beste Zeit zum Gießen. Es ist kaum möglich, zu viel zu Gießen, da überschüssiges Wasser mit der Erdanziehung abläuft.

> „Zweimal täglich nahm er seine Gießkanne und schwang sie über die Pflanzen, als würde er sie beweihräuchern. Je mehr sie unter dem feinen Sprühregen ergrünten, schien er seinen Durst zu löschen und ward wiedergeboren. Dann einem Rausch nachgebend riss er den Brausekopf von der Kanne und goss reichlich aus voller Tülle."
>
> Gustave Flaubert, Bouvard et Pécuchet, 1881

Die Vorgehensweise

Bohren Sie mit einem Holz vier Löcher in den Kompost (siehe nebenstehendes Foto). Die Tiefe des Lochs sollte bis in die Mitte des Komposts reichen, nicht tiefer, sonst läuft das Wasser über die Belüftungszone ab. Gießen Sie das Wasser langsam mit der Gießkanne ohne Brauseaufsatz in die Löcher.

Wenn das Wasser unten abläuft bedeutet das, dass Sie zu viel gegossen haben, oder dass die Löcher zu tief sind. Die Löcher tragen dazu bei, das Substrat zu lockern. Gießen Sie ebenso die Ränder der Oberfläche und durch die schmalen gegrabenen Rinnen über jeder Pflanze an den Seiten (siehe Foto 3, S. 32).

Löcher für die Bewässerung

Die automatische Bewässerung

Ein einfaches System mit perforierten Schläuchen mit einer Zeitschaltuhr ermöglicht eine regelmäßige Wasserzufuhr, auch bei Abwesenheit. Überprüfen Sie die Funktion des Systems mit einem Eimer.

Im Juli-August programmieren Sie 15 Liter Wasser am Morgen und 15 Liter Wasser am Abend, alle 3 Tage.

An Hundstagen (Temperaturen über 35 °C) sollten Sie alle 2 Tage gießen. Eine Beschattung mit einem Sonnenschirm kann gute Dienste leisten.

Durch die Ausdünstung kann das Substrat an der Oberfläche eine Kruste bilden. Daher sollten Sie das Substrat mit der Hand oder einer kleinen Hacke zerkrümeln. Eine Abdeckung der Oberfläche mit Hanfmulch begrenzt die Verdunstung.

Automatische Bewässerung

Perforierter Schlauch

Die Pflege

Beschattung des Recyplant mit Sonnenschirm

Hanfmulch

Werkzeug für die Pflege

Pflanzkelle

Gartenschere

Gießkanne 10 Liter

Automatisches Bewässerungssystem

Sprühflasche 1,5 Liter

Spitzer Holzpflock 1 m lang und 4 cm Durchmesser zum Bohren der Bewässerungslöcher

Bambusstützen für Tomaten und Auberginen. Verwenden Sie für die Tomaten Stützen von mindestens 2,2 m Länge.

Schnur zum Festbinden der Pflanzen.

Wiederverwerten & Einarbeiten der Küchenabfälle

Der Kompostgarten

Der Zusammenhang

Pflanzliche Abfälle machen 40 bis 60 % unseres Hausmülls[1] aus. Diese wiederzuverwerten und aufzuwerten ist ein grundsätzliches Bedürfnis des umweltbewussten Bürgers.

Die Menge des pflanzlichen Hausmülls hängt von der Art des Nahrungsmittelkonsums ab, insbesondere ob viel Obst und Gemüse gegessen wird. Ebenso ist von Bedeutung, ob Sie selbst kochen und damit mehr pflanzliche Haushaltsabfälle entstehen, als beim Verzehr von Fertiggerichten. Aber ein guter Gärtner oder eine gute Gärtnerin muss auch ein guter Koch oder eine gute Köchin sein.

Zu Hause werden die pflanzlichen Abfälle in einem Mülleimer mit Deckel gesammelt. Idealerweise haben Sie einen Eimer im Haus, damit Sie den Abfall leicht zum Recyplant tragen können. Sie können den Abfall eine Woche im Haus aufbewahren. Ein zerrissener Eierkarton oder Küchenpapier am Boden des Eimers saugt entstehende Feuchtigkeit auf. Das ist kein Problem, weil die Mikroorganismen bereits am Werk sind. Im Sommer können kleine Fliegen im Eimer sein. Das sind Taufliegen: Frucht-, Wein- und Essigfliegen; sie sind völlig harmlos und stören eigentlich nicht.

Ökologische Handlungsweise

[1] Quelle ADEME
(Agence de l'environnement et de la maîtrise de l'éngergie)

„Einen Garten anlegen ist ein neues Leben beginnen."

Chinesisches Sprichwort

Art der Küchenabfälle

Mit dem Recyplant können Sie fast alle pflanzlichen Haushaltsabfälle wiederverwerten. Wobei der Abfall tierischen Ursprungs (außer Eierschalen) zu vermeiden ist, da sich ein schlechter Geruch entwickeln kann, der Mücken und Nager anzieht.

Wiederverwertbare Produkte

Obst- und Gemüseschalen, außer die Schale von Zitrusfrüchten (Orange, Zitrone, Mandarine, Grapefruit).

Essensreste (entfernen Sie tierische Produkte)

Trockenes Brot (zerkleinern)

Verwelkte Blumen (Stiele mit der Gartenschere klein schneiden)

Sie sollten keine Rosenstiele auf den Kompost geben, die Dornen trocknen, werden hart und stechen auch noch, wenn sie auf dem Kompost sind. Alte Erde vom Umtopfen oder Entsorgen von Zimmerpflanzen. Beim Einarbeiten gut zerkrümeln und gießen falls nötig.

Kaffeesatz, Pads für Kaffeemaschinen (nur die mit Filterpapier)

Teebeutel, Kerne und Fruchtsteine (Avocadokern zersetzt sich nur schwer, manche keimen auf dem Kompost, dann kann man sie in einen Topf pflanzen und eine Zimmerpflanze ziehen.

Eierschalen (immer in der Hand zerdrücken, um die Zersetzung zu beschleunigen).

Eierkartons aus Pappmaschee

Holzasche

„Wer in meinen Garten schaut ...

Der Kompostgarten

Das sollte nicht auf den Kompost

Alle Produkte tierischen Ursprungs
(Käserinde, Essensreste mit Fleisch, Fisch, Eiern oder Käse)

Schalen oder Zitrusfrüchte, das sie den Kompost übersäuern.

Verdorbenes Obst und Gemüse oder verdorbene Stellen, die beim Schälen entfernt wurden.

Frittieröl

Haustierstreu

Staubsaugerbeutel, Kehricht

Belastete Holzasche

Sägespäne

Manchmal hat Gemüse (Karotten, Rüben) von Insekten angeknabberte Stellen. Diese bohren kleine Gänge und es gibt braune Flecken. Diese parasitenbefallenen Bereiche müssen sorgfältig ausgeschnitten und im Restmüll entsorgt werden, um die Parasiten vom Kompost fernzuhalten. Darüber hinaus werden immer mehr Früchte mit einem Aufkleber mit Angaben der Marke oder der Sorte versehen. Da diese Etiketten kunststoffbeschichtet sind, zersetzen sie sich nicht. Beim Schälen entfernen und im Restmüll entsorgen.

Große Teile sollten in 3-4 cm große Stücke zerteilt werden, zum Beispiel Melonen- oder Kürbisschalen oder die Außenblätter des Lauchs. Da der Kohlstrunk sehr holzig ist, zersetzt er sich nur langsam und sollte daher nicht verwendet werden.

... schaut in mein Herz."
H. Pückler-Muskau

Das Verfahren

Es ist besser öfter kleine Mengen Gemüseabfälle einzuarbeiten als weniger oft eine große Menge. Die Höchstmenge für eine Kompostkiste mit den Maßen 80 x 80 x 66 cm sollte 2 kg Küchenabfälle pro Woche nicht überschreiten. Das ist die Menge, die in einem 2-Personen-Haushalt in einer Woche entsteht. Für einen 4-Personen-Haushalt sollten Sie eine größere Kompostkiste vorsehen (siehe Kapitel Die Kiste bauen, S. 14). Die Küchenabfälle werden nicht wie üblich auf der Oberfläche des Komposts verteilt, sondern in den Kompost eingearbeitet.

Graben Sie ein Loch mit 20 cm Durchmesser und 20 bis 30 cm Tiefe mit der Pflanzkelle (siehe Foto 1). Wenn Kapuzinerkresse die Oberfläche bedeckt, schieben Sie die Pflanzen auseinander, bevor Sie das Loch graben. Geben Sie die Küchenabfälle in das Loch (siehe Foto 2). Vermischen Sie die Küchenabfälle mit etwas Kompost mithilfe der Pflanzkelle. Mit Kompost bedecken (man sollte die Küchenabfälle nicht mehr sehen). Kennzeichnen Sie die Stelle mit einem Holzstiel (siehe Foto 3).

Spülen Sie den Eimer mit klarem Wasser aus und gießen Sie das Wasser auf die Stelle, wo Sie die Küchenabfälle eingearbeitet haben. Beim Graben im Kompost können Sie den Bewässerungszustand überprüfen. Wenn er sich zu trocken anfühlt, müssen Sie gießen (mindestens 10 Liter). Bei dieser Gelegenheit können Sie die Temperatur des Recyplant prüfen. Sie können sie mit der Hand in dem Loch erfühlen. Wenn er warm ist, ist das ein gutes Zeichen: Es ist das Zeichen für gute Verrottung.

Zugeben von Küchenabfällen

Einarbeiten von Küchenabfällen

Eingearbeitet sind die Küchenabfälle völlig bedeckt

Die Rotation

Die Küchenabfälle werden unter Berücksichtigung einer Rotation der Einbringstellen eingearbeitet, um die Oberfläche und das Substratvolumen am besten zu nutzen (siehe unten stehende Skizze mit Ansicht von oben). Es ist wichtig die frischen Gemüseabfälle mit dem Kompost in dem Loch zu mischen, um die Kompostierung zu aktivieren, die Gerüche einzuschränken und Mücken zu vermeiden. Ebenso sollten Sie ihn gut abdecken, damit er sauber aussieht (für die Nachbarn von oben, wenn Sie in einer Wohnung wohnen). Sobald die Pflanzen gut gewachsen sind und ein stabiles Wurzelsystem entwickelt haben, beschränkt man sich auf die zentrale Zone (Stelle 5, 6, 7, 8 und 9), um die Wurzeln beim Graben nicht zu beschädigen.

Wenn man nach ungefähr zwei Monaten zum selben Platz kommt (das hängt von der Menge und der Häufigkeit der Abfallzugabe ab), ist der Vorgang zu wiederholen:

- Mischen Sie den frischen Abfall gut mit dem vorhandenen Kompost;
- Wenn der Kompost trocken ist, führen Sie der Mischung Wasser zu;
- Gut abdecken.

„... und die Zeit vergeht mit dem Zyklus der Jahreszeiten."
Erik Orsenna

„Die Natur wird nur dadurch beherrscht, dass man ihr gehorcht."
Francis Bacon

Das Prinzip des Kompostierens

Damit der Recyplant funktioniert, müssen Sie die Technik der Kompostierung vollkommen beherrschen.

Die Kompostierung ist eine Methode, die eine rasche Zersetzung des organischen Materials ermöglicht. Diese Vorgehensweise ist in der Natur weit verbreitet, aber dort dauert der Zersetzungszyklus länger. Das beste Beispiel ist ein Waldboden, der durch die Zersetzung der Zweige, der Blätter und der zu Boden gefallenen Früchte im Lauf der Jahre entsteht. Die Bäume ziehen die Nahrung aus dem Boden und bilden wieder Zweige, Blätter und Früchte aus, die dann wiederum zu Boden fallen. So erlangt der Wald ein Gleichgewicht, das sich über Jahrhunderte erhält.

Das organische Material zersetzt sich dank der Aktivität der Mikroorganismen (Bakterien, Pilze, usw.) und größerer Organismen wie Würmer und Insekten. Dieser komplexe biologische Vorgang benötigt Wasser und Luft. Ebenso wird dabei Stickstoff verbraucht. Der Kompostierungsvorgang wird auch von der Außentemperatur beeinflusst. Hohe Temperaturen beschleunigen die biologische Aktivität. Das Prinzip der Kompostierung bedeutet also, möglichst günstige Bedingungen für die Zersetzung des organischen Materials zu schaffen.

Was sind die Konsequenzen für den Recyplant?

Der Kompost muss einmal im Jahr gewendet werden. Im Laufe der Monate kann man ein Zusammensacken beobachten. Das behindert die Luftzirkulation und wirkt sich nachteilig auf die Wurzelentwicklung aus. Das Wenden ermöglicht auch das Einarbeiten von mehr oder weniger zersetzten Küchenabfällen in der oberen Schicht in die Masse.

Grobe Anteile wie Äste verhindern die Verdichtung und begünstigen so die Belüftung. Zögern Sie daher nicht zerkleinerte Äste oder, falls vorhanden, Obstkistchen in den Kompost einzuarbeiten. Der Wasserbedarf ist groß, zum einen für die Mikro- und Makrofauna des Komposts aber auch für die Pflanzen. Kleine Teile zersetzen sich schneller als große, daher sollten Sie große Abfallstücke zerkleinern.

Die Zugabe von Dünger fördert die Zersetzung. Der im Handel erhältliche Kompostaktivierer ist hauptsächlich stickstoffangereicherter Dünger, d. h. einfach Stickstoff in Synthese mit Ammoniumsulfat.

Hier wäre festzuhalten, dass der Recyplant ohne Zugabe von fremdem Dünger funktioniert, jedoch läuft die Zersetzung langsamer ab und die Pflanzen sind weniger produktiv.

Die Zersetzung geht im Sommer schnell vor sich (2 bis 3 Monate), während sie im Winter stagniert (außer wenn Sie ein Mini-Gewächshaus verwenden).

Die intensive, biologische Aktivität entwickelt Hitze im Zentrum des Komposts. Dieser Wärmeeffekt fördert das Austreiben und das Wachstum der Pflanzen.

Im Lauf der Jahreszeiten

Im Winter

Im Allgemeinen wird der Winter als pflanzliche Ruheperiode angesehen. Eliot Coleman[1] hat jedoch gezeigt, dass es möglich ist, Gemüse auch ohne zusätzliche Wärmequelle anzubauen. Wir werden Colemans Technik einsetzen, damit der Recyplant auch im Winter funktioniert. Das System wird durch eine doppelte, durchsichtige Plastikplane, die auch für Pflanztunnel verwendet wird, und ein Wintervlies vor Frost geschützt.

Das Prinzip

Das Wintervlies wird über den Recyplant gebreitet und das Ganze wird mit einem Mini-Gewächshaus in Form eines Iglus geschützt. Mit diesem System bleibt der Recyplant frostfrei selbst bei Temperaturen unter 10 °C. Sobald die Sonne scheint, können die Temperaturen in dem Mini-Gewächshaus bis auf 30 °C ansteigen. Die Pflanzen werden in die Seiten der Kompostkiste, an die Stellen, die durch die Ernte im Herbst frei geworden sind, gesetzt. Wintersalatsorten können auch an die Oberfläche gepflanzt werden.

Die Füße der Kohlköpfe und des Brokkolis, die bereits im Frühjahr gepflanzt wurden, können neu austreiben.

Das Mini-Gewächshaus und das Wintervlies

[1] Eliot Coleman, Des légumes en hiver, Actes Sud, Arles, 2013.

Im Lauf der Jahreszeiten

Brokkolipflanze im Winter

Junger Salat, Lauch und Chinakoh

Befestigung des Rahmens des Mini-Gewächshauses

Der Bau des Mini-Gewächshauses

Material

4 Bögen, die auch zum Bau eines Tunnels verwendet werden.
Länge der Stangen: 1,60 m für eine Kompostkiste von 80 x 80 x 60 cm.

1 Rohrkreuzverbinder

1 Plastikplane 2 x 5 m

Schere

Tacker

Dicker Filzstift

Nylonschnur zur Befestigung

„Die Geliebte ist ein eingezäunter Garten."
Hoheslied Salomos

Der Zusammenbau

Befestigen Sie mit der Nylonschnur den Rahmen 30 cm von den Ecken der Kompostkiste. Schieben Sie die 4 Stangen in das Kreuz. Setzen Sie die Enden der Stangen in die Halterung aus Schnur, um ein Gestänge für ein Iglu zu erhalten. Legen Sie die Plane auf das Gestänge und zeichnen Sie mit dem Marker die Form, die den 4 Abteilungen des Gestänges entspricht ein. Schneiden Sie die 4 Teile entsprechend den 4 Seiten des Mini-Gewächshauses aus, lassen Sie jeweils 2 cm überstehen, damit Sie die Plane zusammentackern können. Die vier Teile zusammentackern. Lassen Sie eine 10 cm breite Lücke zwischen dem Boden und der Unterkante der Plane, und belassen Sie eine 10 x 10 cm große Öffnung zur Belüftung an der Spitze des Iglus.

„Jede schöne Rose wird einmal eine Hagebutte …"

Detail des Gestänges

Öffnung für die Belüftung

Die Pflanzung

Pflanzzeiten

Das Gemüse sollte ab Ende September gepflanzt sein, um noch vor Winteranfang zu verwurzeln. Zu dieser Jahreszeit sind in den Gärtnereien fast keine Setzlinge mehr erhältlich. Daher sollten Sie ab Ende August Ihre Setzlinge aus Saatgut selbst ziehen.

Gemüsesorten

Hierbei geht es vor allem um Kohlsorten (Brokkoli, Rosenkohl, Chinakohl, Grünkohl) und Wintersalatsorten (Feldsalat, Endiviensalat).

Wie bereits Eliot Coleman betont, gilt bei den verschiedenen Sorten eine unterschiedliche Winterhärte. Probieren Sie einfach aus, welche Sorten für den Winter in Ihrer Region am besten geeignet sind.

Die Ernte zum Ende des Winters

Ernte

Das Gemüse wird Mitte März, wenn auch das jährliche Wenden stattfindet, geerntet.

Es sind vor allem die jungen Salate, die Kohltriebe und manche Gewürzpflanzen wie Frühlingszwiebeln und Oregano. Zart und wohlschmeckend, geben Sie einen Vorgeschmack auf das Frühjahr.

Der Kompostgarten

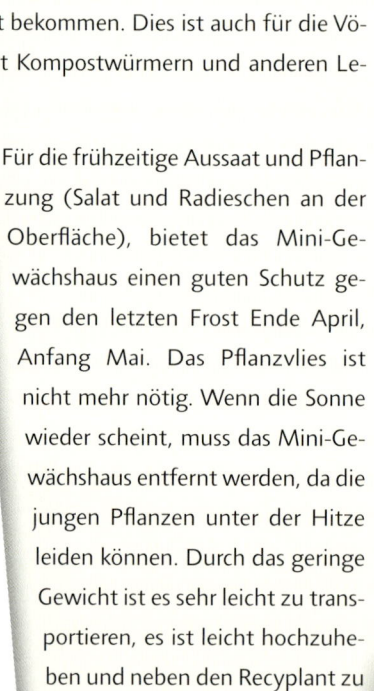

Weitere Vorteile

Durch den frostfreien Kompost erreichen Sie eine gute Zersetzung der organischen Küchenabfälle. Wird der Recyplant nicht vor Frost geschützt, stagniert der Zersetzungsprozess der Küchenabfälle aufgrund der niedrigen Temperaturen im Winter mehrere Wochen. An sonnigen Wintertagen können Sie das Mini-Gewächshaus und das Wintervlies entfernen, damit die Pflanzen Luft bekommen. Dies ist auch für die Vögel eine gute Gelegenheit sich mit Kompostwürmern und anderen Leckereien zu versorgen.

Besuch am Kompost

Für die frühzeitige Aussaat und Pflanzung (Salat und Radieschen an der Oberfläche), bietet das Mini-Gewächshaus einen guten Schutz gegen den letzten Frost Ende April, Anfang Mai. Das Pflanzvlies ist nicht mehr nötig. Wenn die Sonne wieder scheint, muss das Mini-Gewächshaus entfernt werden, da die jungen Pflanzen unter der Hitze leiden können. Durch das geringe Gewicht ist es sehr leicht zu transportieren, es ist leicht hochzuheben und neben den Recyplant zu stellen. Die Befestigung an den vier Ecken wird nur bei starkem Wind benötigt.

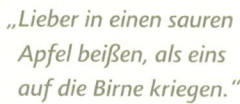

„Lieber in einen sauren Apfel beißen, als eins auf die Birne kriegen."

Im Lauf der Jahreszeiten

Das jährliche Wenden

Das Wenden ist die zweite maßgebliche Aktivität (nach dem Gießen), damit der Recyplant gut funktioniert; es muss mit großer Aufmerksamkeit und Hingabe durchgeführt werden. Nun regeneriert sich das Substrat. Das Wenden des Komposts sollte einmal im Jahr durchgeführt werden, zum Ende des Winters, wenn es keinen Frost hat. Das Ziel ist die ganze Kompostmasse zu homogenisieren und das in der Zersetzung begriffene Material mit dem reifen Kompost zu vermischen. Das ermöglicht auch den Kompost zu belüften, die untere Schicht zu lockern und die unerlässliche Porosität zu erreichen, die für ein Wurzelwachstum wichtig ist.

„Wenn du einen Garten und dazu noch eine Bibliothek hast, wird es dir an nichts fehlen."
Cicero

Es gibt zwei Techniken für das Wenden:

Bei der einen wird der Kompost komplett gewendet. Diese Technik ist effizienter, da sie eine perfekte Homogenisierung ermöglicht;

die zweite wird ohne Umsetzen der Kompostkiste durchgeführt. Sie ist bei wenig Platz geeignet.

Erste Schicht groben Materials beim Wenden

Der Kompostgarten

Der Recyplant während des Umsetzens

Das Wenden durch Umsetzen

Benötigtes Material

Spaten und vielleicht eine Schaufel

120 g Volldünger

Gießkanne

Das System der Kompostkiste mit zusammengesteckten Brettern ermöglicht ein schrittweises Zerlegen. Die oberen Bretter werden nach und nach abgebaut und am Boden an einer neuen Stelle wieder zusammengesteckt. Bauen Sie einen neuen Rahmen bis zu einem Drittel der Gesamthöhe. Die Bretter werden umgedreht, dass die Außenseite sich nun auf der Innenseite des Komposts befindet. Das wirkt der Verformung der Bretter entgegen. Der Boden der neu aufgebauten Kiste wird mit einer 10-12 cm hohen Schicht groben Materials (Zweige, Blätter, zerkleinerte Obstkistchen, Eierkartons) bedeckt.

Der Recyplant nach dem Umsetzen

Wenn Sie die oberen Bretter entfernt haben, wird der Kompost des alten Recyplant zugänglich. Somit können Sie ihn mit dem Spaten in den leeren Rahmen umsetzen. Jede Schaufelladung sollte gut zerkrümelt werden, um den Kompost gut zu lüften.

Wichtig: Frische, noch nicht zersetzte Küchenabfälle, die sich oben auf dem alten Kompost befinden, werden zur Seite gelegt. Achten Sie darauf, sie dann in drei oder vier Portionen in den Kompost einzuarbeiten, um die Zersetzung zu erleichtern. Jetzt zwei Handvoll Volldünger (2 x 30 g) zugeben. Zwei weitere Handvoll werden im weiteren Verlauf des Wendens zugefügt. Das Gemüse, das den Winter im Recyplant verbracht hat, wird vor dem Wenden geerntet.

Im Lauf der Jahreszeiten

Das Wenden ohne Umsetzen der Kiste

Mit dieser Technik wird nur ein Teil des Komposts der Kiste entnommen und in Säcken aufbewahrt.

Benötigtes Material

Spaten und Pflanzkelle

4 Säcke, 125 Liter für Bauschutt (Sie können auch die Torfsäcke vom letzten Frühjahr aufheben und wiederverwenden.)

120 g Volldünger

Gießkanne

Die Vorgehensweise

Bauen Sie die ersten beiden Ebenen der Bretter ab. Geben Sie die obere Schicht des Komposts in die Säcke (ca. ein Drittel des Gesamtvolumens). Kennzeichnen Sie die Säcke

„Nichts als ein Zweig, doch voller Leben."

Das Substrat wird in den Säcken zwischengelagert.

nach der Reihenfolge der Befüllung, vor allem die oberste Schicht, die frische, noch in der Zersetzung befindliche Küchenabfälle enthält.

Graben Sie in die Mitte des in der Kiste verbleibenden Komposts ein Loch. Den Kompost entnehmen und in Säcken lagern. Die groben Küchenabfälle vom Boden der Kompostkiste aussondern. Die Säcke kennzeichnen. Die groben Küchenabfälle unten in das Loch geben und frische hinzufügen. Befüllen Sie das Loch mit Kompost aus dem ersten Sack (der nicht zersetzten Küchenabfälle) und mischen Sie ihn mit Kompost vom Rand der Kiste. Geben Sie jetzt zwei Handvoll Volldünger dazu, um die Zersetzung zu fördern. Häufen Sie Kompost vom Rand an, um einen Kegel zu bilden (siehe Foto vorhergehende Seite). Befüllen Sie die Kiste mit dem Kompost aus den Säcken in umgekehrter Reihenfolge. Geben Sie zwei weitere Handvoll Dünger hinzu. Stecken Sie die Bretter wieder zusammen. Bedecken Sie am Schluss die Oberfläche mit Kompost aus der Mitte.

Erforderliche Arbeitszeit: 1 Stunde 30 Minuten

Die Kompostwürmer

Wie im Kasten „Das Prinzip des Kompostierens", S. 55 erwähnt, ist die Feuchtigkeit ein entscheidender Faktor bei der Kompostierung. Beim Wenden muss der ganze Kompost gut feucht gehalten werden. Es ist möglich, dass manche Stellen, vor allem die Ränder, ausgetrocknet sind. Gießen Sie die Ränder mit ein oder zwei Gießkannen Wasser.

„Zu hegen und zu pflegen sei bereit, das Wachsen überlass der Zeit."

Der Feuchtigkeitshaushalt ist ausgeglichen, wenn sich der Kompost wie ein ausgedrückter Schwamm anfühlt. Ebenso ist zu beachten, dass wenn Sie nur Küchenabfälle beigeben, es dem Kompost an festen Anteilen fehlt. Fügen Sie beim Wenden zerkleinerte Äste oder zwei zerkleinerte Obstkistchen hinzu. Bei dieser Gelegenheit sollten Sie überprüfen, ob Kompostwürmer (Eisenia foetida) vorhanden sind. Normalerweise erscheinen Sie von alleine, selbst wenn der Recyplant auf einer befestigten Oberfläche steht. Sollten keine da sein, müssen Sie welche hinzufügen. Sie sind im Internet erhältlich (siehe Lieferantenangaben am Ende des Buchs) oder können aus dem reifen Kompost eines gärtnernden Freundes geholt werden. 250 g genügen, um eine Kompostkiste zu bestücken.

Larve des Rosenkäfers

Es ist jedoch möglich, im Kompost dicke weiße Würmer anzutreffen. Das sind die Larven des goldglänzenden Rosenkäfers. Diese speziellen Kompostlarven sind nicht schädlich. Sie greifen die Pflanzenwurzeln nicht an, sondern sind Teil der Kompostierung. Man muss sie nicht töten. Zwischen dem Wenden des Komposts und der Bepflanzung der Seiten der Kiste sollte dieser einen Monat ruhen, damit er sich stabilisieren kann. Nach mehreren Jahren der Abfallverwertung erhalten Sie ein Substrat von dunkler Farbe, das Humus ähnelt, mit einem guten Duft nach Unterholz ... als ob man seinen eigenen Boden hervorgebracht hätte.

Die Ernte und der Ertrag

In Annecy, Haute-Savoie (auf 450 m Höhe, durch den See gemäßigtes Bergklima) wurden zwei Recyplant Komposter aufgestellt. Der erste, auf der Grundlage eines vorhandenen Komposts, wurde 3 Jahre getestet, er wurde auf einer Wiese aufgestellt. Der zweite wurde neu auf einem gepflasterten Hof errichtet (ex nihilo) und wurde 1 Jahr getestet.

„Zu hegen und zu pflegen sei bereit, das Wachsen überlass der Zeit."

Der Recyplant 1

14. Mai

Im Lauf der Jahreszeiten

14. Juni

Die Ernte

15. August

Der Kompostgarten

Der Recyplant 2

19. Mai

2. Juni

20. August

Ertrag (Kilo/Jahr)

	Recyplant 1 (auf der Wiese aufgestellt)			Recyplant 2 (in einem gepflasterten Hof aufgestellt)
	1. Jahr	2. Jahr	3. Jahr	1. Jahr
Kürbis	16,5	8,4	1,8	3,0
Tomate	2,7	12,2	14,1	12,6
Kohlkopf		2,7	4,1	3,6
Zucchini	7,2	5,4	7,3	4,1
Aubergine			4,9	
Salat (darunter Ruccola)	2,7		1,5	3,6
Brokkoli	1,2	1,7	2,4	2,1
Radieschen			0,7	0,6
Küchenkräuter*	0,4	1,0	0,6	0,4
Lauch		0,4		
Neuseeländer Spinat		0,5	0,3	
Paprika				0,2
Bohnen			0,2	
TOTAL	30,7	32,3	37,9	30,2

* Küchenkräuter (Frühlingszwiebel, Petersilie, Liebstöckel, Oregano, lilafarbener Basilikum, Minze, Zitronenmelisse, Zitronengras) und essbare Blüten (Kapuzinerkresse, Zucchini, Rucola, Basilikum).

Anmerkungen

Die durchschnittliche Produktion variiert zwischen 30 und 38 kg/Jahr, was auf einer Grundfläche von 9 m² beträchtlich ist. Man kann sagen, dass das Potenzial des Systems (mit den Maßen 80 x 80x 60 cm) bei 50 kg pro Jahr liegt. Die Gesamtproduktion hängt sehr vom Ertrag des Riesenkürbisses ab. Wenn er gut wächst, kommen Sie leicht über 38 kg pro Jahr. Mein Schwager hat 40 kg Kürbis geerntet (gewogen), 5 kg Zucchini und 3 kg Tomaten mit einem Recyplant, der auf einer Wiese aufgestellt wurde, das ergibt einen Ernteertrag von 48 kg.

Tomaten, Riesenkürbisse, Zucchini, Kohl, Aubergine und Salat (auf der Oberfläche) sind die ertragreichsten Pflanzen.

Die Produktion des Recyplant 1 reicht 3 Jahre zurück und zeigt die Zunahme der Fruchtbarkeit (siehe Bilanztabelle S. 73). Es spiegelt aber auch die zunehmende Erfahrung und das Wissen im Umgang mit dem Recyplant.

„... willst du aber ein Leben lang glücklich sein, so schaffe dir einen Garten."
Goethe

Materialbilanz

Wenn man durchschnittlich 2 kg Küchenabfälle pro Woche wiederverwendet (2-Personen Haushalt), macht das ca. 100 kg an pflanzlicher Zufuhr. Bedenkt man eine jährliche Produktion von 30 bis 38 kg Gemüse (essbare Teile), kommt man auf 70 kg produzierte Gesamtbiomasse. Auf ein Jahr ist die Bilanz eindeutig positiv und führt zu einer Anreicherung an Nährstoffen des Systems im Laufe der Zeit.

Zusammenfassung

Der Kompostgarten

Wenn ich meinen Recyplant mit Küchenabfällen befülle, denke ich an den Bauernhof meiner Kindheit. Damals hatte jeder Bauernhof ein caion, wie das Schwein im savoyardischen Dialekt heißt. Es verzehrte alles, was man ihm vorsetzte und wurde dick und rund. Da der Recyplant im Vergleich zum Schwein geruchsfrei ist und er auch der heutigen Ernährungspraxis besser entspricht, eignet er sich als Form des Urban Gardening ganz besonders.

Das Befüllen des Recyplant ist sehr einfach. Diese Technik erfordert jedoch das richtige Know-how. Man benötigt Geduld und Durchhaltevermögen. Am Anfang entspricht das Ergebnis nicht unbedingt den Erwartungen. Praxis und Beobachtung über Jahre, mit Ausprobieren und Rückschlägen, ermöglicht allen und jedem zu verstehen, wie die Natur funktioniert, d. h. zu erkennen, was die Pflanzen benötigen. Am Ende den Salat, eine Zucchini und eine Aubergine wachsen zu sehen, ist eine wahre Freude.

„...ein Apfelbaum und eine Tanne in einem Garten im Hinterhof der Chaussée d'Antin."

Jacques Dutronc und Jacques Lanzmann, „Le petit jardin", 1972.

Zusammenfassung

Kümmern Sie sich um Ihren Recyplant da, „er einen versteckten Schatz birgt"[1]:

Es ist die einzige Technik, die ermöglicht die Küchenabfälle wiederzuverwerten und dabei Gemüse anzubauen, ganz ohne bestellbaren Boden.

Er stellt den Pflanzen frisches Material zum Wachstum zur Verfügung. Das Gemüse wird in reifem Zustand geerntet. Bei den Tomaten sind der Geschmacksunterschied und die Beschaffenheit zu den im Handel erhältlichen riesig.

Für einen Großteil des Jahres wachsen auch Küchenkräuter im Recyplant, was eine reichhaltige, frische Geschmackspalette auf Ihren Speiseplan bringt und Aromapflanzen für die Teezubereitung liefert.

Er reduziert das Volumen und das Gewicht Ihres Hausmülls und erleichtert somit die Müllentsorgung Ihrer Gemeinde. Mit dem Recyplant werden die pflanzlichen Küchenabfälle zu einer Ressource, zu hochwertigen Nährstoffen für Ihre Pflanzen. Das Bild, das man von Küchenabfällen hat, verändert sich völlig: Man wird sich ihres Wertes bewusst und trennt sie sorgfältig.

„An der Tanne kann kein Apfel wachsen."

[1] Jean de La Fontaine, Der Bauer und seine Kinder, 1668.

Mit dem Recyplant lernen Sie kleine Flächen zu schätzen, da durch die dreidimensionale Nutzung ein Vielfaches an Anbaufläche entsteht. Sie können im Hof oder auf der Terrasse gärtnern.

Er benötigt nur wenig Pflege, abgesehen von der Bewässerung (die unumgänglich ist). Kein Umgraben, kein Unkraut jäten. Die aufwendigste Arbeit besteht im Wenden des Komposts am Ende des Winters. Der Recyplant liegt damit absolut in Idee des „Slow Gardening".

Von einem Jahr zum anderen fördert er selbst seine Fruchtbarkeit: kein zusätzliches Hinzufügen von Erde und Torf. Paradoxerweise ändert sich das Volumen des Komposts nicht, da Verluste durch das Volumen der beigefügten Abfälle kompensiert werden.

Der Recyplant ist auch sehr dekorativ. Es ist ein Kompost in seiner schönsten Form; ein lebendiges Bild, dessen Farben und Formen sich im Lauf der Jahreszeiten ändern. Im Gegensatz zu einem herkömmlichen Kompost, den man in einer versteckten Ecke im Garten aufstellt, werden Sie stolz auf Ihren Recyplant sein.

Der Recyplant ist eine Verbindung mit dem Kosmos. Dieses Mikro-Ökosystem konzentriert die Sonnenenergie, die Kraft der Mikroorganismen und die ganze Aufmerksamkeit des Gärtners oder der Gärtnerin. Dank des Recyplant wird man zum Teil des großen Naturzyklus im Lauf der Jahreszeiten, die wunderbare Alchimie des Lebens, vom Tod bis zur Wiedergeburt.

Nach einigen Jahren erreicht der Recyplant ein Gleichgewicht. Er wird er zu einer unversiegbaren Lebensquelle, die unmerklich verrinnt.

Bibliografie

Quellen:

Michel Caron, La Petite encyclo Rustica du potager, Rustica éditions, Paris, 2015.

Eliot Coleman, Des légumes en hiver, Actes Sud, Arles, 2013.

Robert Elger et Hubert Fontaine, Le petit traité Rustica du potager en carrés, Rustica éditions, Paris, 2013.

Annie Lagueyrie, Permaculture : le guide pour bien débuter, Rustica éditions, Paris, 2015.

Richard Wallner, Manuel de culture sur butte, Rustica éditions, Paris, 2013.

Lieferant für Kompostwürmer:
www.superwurm.de

Danksagung

Ich möchte allen danken, die auf direkte oder indirekte Weise dieses Projekt unterstützt haben!

Mein Schwager François , erster Verwender eines Recyplant, für seine sachlichen Anmerkungen und das akribische Lektorat des Manuskripts.

Meine Schwester Thésou, einzigartige Gärtnerin und renommierte Winzerin, die mein Manuskript gelesen hat, und den Recyplant bei sich in der Schweiz getestet hat.

Meine Kinder Pauline und Maxime für die Fotos und das Lektorat.

Allen Gärtnerinnen und Gärtnern der Gemeinschaftsgärten in Poisy, insbesondere Marc, dem Vorsitzenden des Vereins, der mir erlaubt hat, den Recyplant auf dem freien Feld zu testen.

Schließlich möchte ich noch Élisabeth Pegeon vom Verlag Éditions Rustica, die von Anfang an mein Buchprojekt geglaubt hat und Dominique Pérot-Poussielgue, der das Buch mit größter Professionalität verwirklicht hat, danken.

Impressum

Herausgegeben von Fleurus Editions
Originaltitel „Un Potager Compost en Tour"
© 2016, Éditions Rustica, Paris

© Deutsche Ausgabe LV·Buch
   im Landwirtschaftsverlag GmbH, 48084 Münster, 2017

Das Werk einschließlich aller seiner Teile ist urheberrechtlich geschützt. Jede Verwertung außerhalb der engen Grenzen des Urheberrechtsgesetzes ist ohne Zustimmung des Verlages unzulässig und strafbar. Das gilt insbesondere für Vervielfältigungen, Übersetzungen und die Einspeicherung und Verarbeitung in elektronischen Systemen. Die Informationen in diesem Buch wurden nach bestem Wissen zusammengestellt. Alle Empfehlungen sind ohne Gewähr seitens des Autors oder des Verlegers, der für die Verwertung dieser Informationen jede Verantwortung ablehnt.

Übersetzung: Petra Bös, Offenburg
Redaktion: Dominique Perot-Poussielgue
Gestaltung: Mathieu Tougne
Titelgestaltung: Karla Breilmann, KreaTec im Landwirtschaftsverlag
Druck: Westermann Druck Zwickau GmbH

ISBN 978-3-7843-5486-6